AF617606

# Sueños que van y vienen

# SUEÑOS que van y vienen

Carme Benedicto Puig

PRIMERA EDICIÓN: abril 2024


Balmes, 13, pral. – 08007 Barcelona
Tel. 664 062 097
info@parnassediciones.com

DISEÑO DE LA CUBIERTA: RiüsLab
FOTOGRAFIAS: Pixabay
MAQUETACIÓN: Equipo de diseño de Parnass
IMPRESIÓN: Podiprint

ISBN: 978-84-127992-5-5
DEPÓSITO LEGAL: B 5129-2024

# INTRODUCCIÓN

Cuando era niña, una vecina que solía leer novelas de Corín Tellado y Sherlock Holmes frecuentemente solía decirme que la acompañara a una parada ambulante donde las renovaba cada semana. Un día le pregunté si podía prestarme una. Yo tenía alrededor de nueve años y ella me dijo que seguramente no me gustaría, aunque fue lo primero que recuerdo haber leído después de *Caperucita Roja*.

Así fue como leí unas pocas y noté que siempre eran historias de amor, aunque pocas veces tenían un final completamente magnífico. Dejaron de interesarme, pero a pesar de ello, esas lecturas fueron el origen de que comenzara a escribir, principalmente, poesía amorosa que, después de muchos años, encontré en una antigua caja.

Por lo tanto, la mayoría de las poesías de amor que he recopilado en este libro son de tiempos muy pasados. En casa, especialmente a mi madre, no les parecía bien; ella decía: *De esas cosas no se escribe*, y sin más, las rompía. Yo las escondía y, tarde o temprano, las encontraba. Mi hermana, tres años menor que yo, insistía: *Si no te las aprendes de memoria, no salvarás ni una*.

Sea como fuere, conseguí salvaguardar muchas de las poesías escritas desde mi adolescencia, gran cantidad de las cuales están incluidas en este libro. Junto a ellas hay también otras más recientes, en las que se aprecia otra gran fuente de inspiración, la montaña y el mar, por los que siempre me he sentido atraída.

C. B. P.

## PLAYA SOÑADA

En la playa de mis sueños
quisiera, siempre dormitar,
mirándome en los espejos
que surgen en el ancho mar.

Hoy flotaría silenciosa,
buscando aquel gran descanso,
entre el clavel y la rosa
del silencio en el ocaso.

Tendría entre sueños, mis manos,
en suaves bucles soñados
de aquellos días tan lejanos.

Y en esta visión dorada
habría abrazos esperados,
yo como siempre añorada.

## AMOR INESPERADO

Mi querer es un querer
que no lo puedo contar,
pues si cuento mi querer
hoy me pondría a llorar.

Con mi amor te prevenía;
no juegues a engañarme,
y de tu lado, yo huía,
no quisiste escucharme.

Todo querer sin amor
es un ideal sin sentir,
sin esperar una flor

sin ti hoy quiero vivir,
eres querer tentador
sin verte, no he de sufrir.

## EN LA LEJANÍA

Mis manos en la lejanía
unirse solo deseaban
con las tuyas y presentía
que muy lejos estaban.

Reflejos del corazón
tenue temblor poseían
con ansia mas sin razón,
por algo que no tenían.

Las uñas siempre crispadas
clavándose como agujas,
lentamente descarnadas
en porciones minúsculas.

Dolor reflejo excitaban,
movimiento incontenido,
solas ellas se dañaban
al no hallarse lo no habido.

## ¿VOLVERÁS?

Rosado es el horizonte,
azul claro limitado,
verde y amarillo al Norte,
con festones rematado.

Peldaños de blanca espuma,
tentando van mar adentro
brillante con la gran luna
meciéndose va un velero.

¿Qué neblinas vaporosas?
Desde tu pecho arrancaban
mil palabras amorosas,
marcando ruta saltaban.

En pos de tus labios rojos
a ti hablaban mis ojos.

## ¿QUIÉN ERES TÚ?

Tiemblo ante tu amanecer rosado,
sueño en tu transparente azul,
añoro tu atardecer opaco,
posees y meces al mundo.
¿Quién eres tú?

## LA GOTA

En el brollar de la fuente
y en el sosegado cantar,
una gota transparente
se ha ido a posar,
trémula y temblorosa
al borde del pedestal.

Frágil y saltarina
llegó hasta bordear,
el cuenco quejoso y doliente
que recoge su pasar.

Impávido la deja caer
porque es parte de él.

Y el arroyo hace que fluya,
con su constante fuerza fiel.

## EL SILENCIO

El silencio es un sonido omiso.
Si se oye, es a veces desgarrador,
aterrador, escuchas y altera,
electrifica haciéndonos cautos,
en pensar, en hacer, y en soñar.

Hay silencios y silencios, que se
expanden como eco con la niebla,
no sabes dónde acaban ni cuándo.

Si pienso en tu silencio no es como
el mío, que me congoja sin dejar
un resquicio de voz, es como río
de blancos guijarros.

Como toque de campana, me hace
sagaz y atenta en sueños hondos.
Del recuerdo hoy emerge como
hiedra que trepa, y liquen que absorbe.
A veces me paro, por no sé qué
leve sensación y ni un murmullo.

Es inútil, todo está callado
Te fuiste sin ver la nueva aurora.
No seguí tu camino, estoy aquí.

He de aprender a escuchar ausencias,
no cogen olvidos, de antaño están
las voces que acompañan a todos.
En lo más profundo, en el silencio,
surgen los recuerdos y el compartir.

En el amanecer del nuevo día
siento el temblor cual hojas que mece
la brisa, labios que se entreabren con
leves susurros que traen los vientos,
un tenue balanceo de cuerpos; cual
olas perdidas en la playa que
se alzan y se desvanecen sin más.

Oigo mil palabras nunca dichas,
el sosiego que vocea el crepúsculo.

Sé que estás, hoy a todos guiándonos.
No cogen olvidos ni se menguan,
hay voces de antaño en lo profundo
que respeto y, a la vez, las maldigo.

Porque llegan como sima al alma,
porque se esfumaron hoy contigo,
porque te fundiste en el espacio,
porque te diluiste entre las aguas.

Pongo cara de póquer, me ayudo
con carmín de color geranio, por
escuchar sin oír y acallar sueños.

Flores blancas como tus paces, hoy
te acompañen siempre donde vayas,
y el silencio de ahora quede como
el silencio vivido entre amigos:
lleno de palabras llenas de paz.

## JARDÍN INMORTAL

Qué tendrá el canto del grillo,
qué el susurrar de la fuente,
si del jardín llega a mi oído
el ayer, el hoy y el siempre.

## INSUFRIBLE TENTACIÓN

Eres de otra, y me miras,
eres de otra y sonríes,
¿por qué tus labios sonríen
y tus ojos me miran?

Soy brasa consumida
y todo mi cuerpo febril,
vive el recuerdo tuyo
en estos días de abril.

De día contigo sueño,
en la noche mucho más
nada parece bueno
cuando tú ya no estás.

Palabras como un rumor
dentro de mí resuenan,
mis labios seguían mudos,
solo mi mente sueña.

Emoción misteriosa
lánguida en su existencia
buscando va perdida
cómo podré morir.

¿Mal o bien mío eres, di
por qué me miras así?
Quita de mí tu querer
no me vuelvas a tentar.

## OTRO NOMBRE

Susurran los altos montes
cuando el viento los lame,
y chillan llenos de miedo
cuando una nube se abre.

En las cumbres suenan truenos
y relámpagos, crispados,
quiebran su luz y llenan de
fuego matojos y árboles.
El aire asolando deja
muertes y destrucción tras sí.

Todo se estremece, es furia
de los dioses que sueltan sus
bramidos con fuertes vientos.

Noches anduve sin luna,
pensando en tu aposento tan
cálido y silencioso.
Ligero, puse alas a mis
pies, para verme en tus ojos
calmado en la fría noche.

Sin pensar ahora que estaba
muy lejos de nuestros montes,

y del brillo de tus ojos,
y todo tenía otro nombre.

Largo el trecho aún por andar,
eran duras las horas y
más duras estando sin ti.

## REFLEJO SUFRIDO

Los cortos versos que siguen
quizá no te van a gustar.

Dime: ¿Sabes qué recogen…
la vida, muerte o despertar?

Al soñar un amor huido
Todo cuanto siento es baldío,
bueno es saber que no es veraz
si fue como estrella fugaz.

Ya es recuerdo bien perdido
asentado en el olvido,
lejos está tu respirar.
Más lejos el fugaz mirar
queda del amor vivido,
un reflejo muy sufrido.

## ESCUCHAR ES AMAR

Si te cantaron el mar y las aves
y oíste al viento aullar,
si viste florecer el campo
y en el anochecer soñaste.

Si te dolieron palabras no dichas
cuando marchó sin un adiós,
no llores, así es el amor.

Escucha la brisa, mira la flor,
alza la mirada y descubrirás
cuan bueno tiene el día,
incalculables momentos
en los que escuchar, es amar.

## TRIBUTO

Caro tributo se paga
cuando la infancia dejamos
al no ser el nuevo día
como pensamos.

La vida, que tanto deseaba
para mejorar y progresar,
es un falso trajín diario
que extenúa y extermina.

Estás al acecho sin más,
no esperes que te quiera,
no me vengas a buscar.

Extraña para mí eres
estando siempre a mi lado
hasta el día que me lleves,
no me habrás ganado.

Lucharé hasta el fin,
sé que, para no vencer,
y si no me atosigas, quiero
ser más amiga que enemiga.

## CALOR DE OTOÑO

En los días estivales
de otoño ardían los deseos,
tiempos bien desiguales
se volvieron fríos secos.

Tiene el bosque, sombreadas
verdes praderas en flor,
con brisas olorosas
llenándose de esplendor.

Vientos vienen soplando
desnudos van los árboles,
paisajes van cambiando
en tardes otoñales.

Estación que te llevas
simientes que solo ellas
brotarán sin mirarlas,
siempre me recompensas.

## RECUERDOS

> El tiempo se lleva la vida y restablece la memoria.
>
> ADAM ZAGAJEWSKÍ

Bajo la luna clareaba
una casita encalada
entre la higuera, los pinos,
el huerto y la viña parca.

Resonando por la noche
los grillos cantan y cantan,
sus voces van por senderos
donde algarrobos y zarzas,
ávidos vigías amparan,
y al combatiente perdido
le dicen: ¡Ay, compañero!,
no detengas hoy tu marcha,
no comas las dulces brevas
y no tendrás que llorarlas.

Mira que la vida es corta
y como un soplo pasa
sigue andando el sendero
llegarás a otras playas
y verás otros terruños
y oirás otras palabras.

Una noche salí al corral,
y se me acercó el perro al que
hablaba y acariciaba,
y brillando en la penumbra,
vi tu faz y vi tus ojos
con un gesto de silencio.

Pronto desapareciste
pisabas fuerte ligero
retrocediendo el camino.
entre las brumas andabas,
verías otros terruños
y oirías otras palabras.

Transcurridos muchos años,
regresas a mi memoria
con el semblante muy claro.

Pugnaste, eras brigadista,
comprometido, defensor de
los derechos de un pueblo.
Combatiste con esfuerzo;
luego todo fue cambiando.
Vientos llevaban suspiros
que iban surcando las tierras.

Marchaste por otros cielos,
con muchos sueños perdidos
te esfumaste en el silencio.

Fuiste luchador anónimo,
amigo admirado siempre,
gran camarada de todos.

En mi sentir eras héroe
que en la memoria perduras
con los que dieron su vida.

Tu corazón, pura grana,
el mundo recordará.

Tus sueños, SOLIDARIDAD.
Tus pensamientos, DERECHOS.
Tu deseo fue, COLABORAR.
Tu compromiso, LA LUCHA.
Tus palabras, VENCEREMOS.
Consigna, «NO NOS MOVERÁN»
Tu testimonio, ¡LIBERTAD!

## SI FUERAS ÁRBOL

Al amparo del árbol
crece la flor, libre, humilde
y sencilla.

Si tú fueras árbol...
¡Quién fuera flor!
Para crecer en la sombra,
de tu seguro tronco.

## PLANÈS

Penumbras silenciosas
que acompañáis ratos ociosos,
siendo siempre ambiguas
otorgáis los sueños hermosos.

Se extendía por la tierra,
con la neblina al refrescar,
perfumes que sentía
difíciles de olvidar.

Veía el atardecer
de tan buen agrado llegar
que solía estremecer
pensando en el despertar
del crepúsculo tan querido
y a la vez, tan añorado.

Pirineo, tierra querida
sumida en la quietud
de tan bello lugar,
no cabía inquietud,
todo era soñar.

Recuerdo la ermita
románica, pequeña, siempre
abierta, y los peldaños
laterales por el exterior
que nos acercaban
a la campana,
era tentación incontenida,
todas la hacíamos sonar.

En la pequeña explanada
hay alguna fosa antigua,
todo es quietud,
Qué bello y acogedor lugar,
paz en el corazón de la
collada de Toses.

En las noches desveladas
te nombro, Planès
de inigualables y bellos recuerdos.

## AYER SOÑÉ

Ayer soñé que moría
y no sé por qué lloré,
si la noche ya me traía
lo que al día yo entregué.

Ayer soñé que moría
en ese corto soñar,
vi tu faz y la alegría
que se perdió al despertar.

Ayer soñé que moría
y no sé por qué me reí,
fue por pensar que volvía
a lo que anterior yo fui.

Ya que todo cuanto veía,
era pura fantasía.

## TIEMBLO SIN ÉL

Tras mi ventana te he visto
con el día nacer y alzarte,
y a tu refriega, he salido
por si te podía coger.

Entre las montañas surges,
bajo parece que llegas
en esta helada mañana,
corriendo te voy a saludar.

Vano sueño de mis ojos,
vano capricho el mirar,
de ti se llenan los cielos
por ti, llega el despertar.

Subiendo voy el sendero,
tú, elevándote sigues,
sin tu cálida luz, muero
¿Podré alcanzarte algún día?

Horizonte que te alejas
mudo sin responder nunca
dile bajito mis quejas,
que tiemblo de frío sin él.

## CUBRIERON

Cubrieron las mansas aguas
mi huerto, mi casa, mis sueños.

Cubríosle con manto de estrellas
todo el firmamento entero.

De lejos, la luna cubrió
de rocío el sendero.

Y de envidia, quise yo,
con tierra cubrieran mi cuerpo.

## DE PRONTO

Hoy eres libre como el viento,
no hay ojos que escruten tus pasos
no debes oír tu silencio,
antes de escribir para mediar.
Ahora eres libre, no es sueño,
que libere aurora roja,
ni cuitas ni palabras vanas
que llenen el inmenso espacio.
Ahora, giras a tu antojo,
queda en ti algo de añoranza,
resurgiendo para ser otro
olvidas lisonjas y enojos.
Mas, ay! Si la diosa te diera
las uvas que tanto gustabas,
no habría otra maravilla,
en el orbe que añoraras.

Poesía ganadora del Accésit, 12° Premi de Poesia de Tardor
José López García.

## LARGO FRÍO

Fueron las amapolas a crecer
entre trigales, verde-amarillos,
como manchas de sangre esparcidas
jóvenes y espigados trigos surgen.

El campo se llenó de música
los ruiseñores del río volaban
y escuchando el reptil sus cantares,
fue sigiloso y destruyó el nido.

¿Para qué servirán tantas flores
para qué los cantares del río?,
si días ha, quedé sin amores
y sola vivo con el largo frío.

## APOSENTADOS

Siento tu presencia no estando a mi lado,
hablo contigo sin esperar respuesta,
y atenta a algo profundo y lejano,
dejo atrás los patios y cruzo las cercas.

Como fuente que canta en primavera,
o pajarillo sedoso y juguetón
en tus retinas estar fija quisiera,
y en ensueños, llegar a tu corazón.

Tenerte y sentir, saber que estás junto
a mí, ser partícula los dos del mismo átomo,
no pensar, saber que todo en sí ya es fuego,
brasa, voz y eco, tú y yo una sola unidad.

Queriendo ser algo más que una atadura,
sabiendo que no es posible cambiar nada,
nos aposentamos, sin ver ni escucharnos.

# QUISE SER ÉL

Mirando tras la ventana
un pajarillo se cruzó,
era su volar ligero
y quise ser él y no yo.

## LA COPLA QUE NO SE OYÓ

Solo tengo una copla,
que cantaré en tu balcón.

Niña, ven a la fuente,
sal a por agua clara
y me verás sonriente.

Con la emoción en la voz,
por ver tus ojos negros
esperando compartir
el amor de mis sueños.

Solo tengo una copla.
¿Cuándo podré cantarla?

## PENSAMIENTO ESCONDIDO

El pensamiento escondido
de tus palabras remotas
entre sueños y olvidos,
surge veloz, como el viento,
que arrastra, corta, desgarra,
duele, levanta tumultos
y despejando caminos
me subyuga y atenaza.

Y sí, tengo que decirlo:
Quiero porque lo he querido
siempre, que no vuelvas a mirar
otros ojos, ni otro cielo
y que detengas tu andar.

Eres como lluvia fina
que llega a mis raíces
y dándoles nueva vida,
calas y empapas mis huesos
sintiendo renacer los días.

Me das coraje y toda yo
renazco, esperanzada
y plenamente te acojo.

Ser lluvia fina, pertinaz,
constante, bien impertérrita,
para que en el frescor suave
crezcan alientos, se alivie
el espíritu contigo,
en el profundo silencio.
Que tu mirar expresivo
y atento llegue, sonriente,
como río inundando mi ser.

Te quiero no en el olvido,
te quiero presente en mis días,
estimo la fuerza de tus
brazos, cuando llegan nuevos
de savia que recorriendo
entresijos alimenta,
mi amor y sus bienes.

Deseo tu mirada plena
porque te quieren mis ojos,
mis oídos, y todo mi ser
en el pensamiento escondido.
Perdidas las dudas, en el
pensar, si florecer puedo,
deseo que subas los montes
y bajando las colinas
seas el prado floreciendo,
seas un pájaro que anida.

Sabes que te espero, para
que se llenen de tu querer
todos mis días, y mis noches,
y se diluyan las dudas
en el pensar escondido.

Al amanecer no puedo
sentir apagarse el fuego,
de nuevo surgen órdenes
de negación arraigadas;
no hablar, no reír, no mirar, no
escuchar, aceptar, saber
estar, fingir, sin lamentos.

Ya nuestros días son recuerdos
cuesta aceptar el porvenir.
Quiero decir que te espero
para que llenes el tiempo,
ahora que te estoy oyendo,
crece el deseo, crece el amor,
y el compartir nuevamente
oyéndote se hace mayor.

## SUEÑO, SUEÑOS

Sueño, sueños amor,
si despertando del sueño, muero
por perder el ardor.
Sin ensueños el temor
No sé si el sueño es verdadero.

## OBSCURECER

Obscurecía y la tarde
iba quedando apagada,
en otra parte brillaba
el azul que se fue vivo,
mientras todo aquí se diluía
entre los grandes pinares.

El monte tan empinado
ya recogía los últimos
rayos del día, más abajo,
en la espesura, todo se
igualaba lentamente.

El río corría muy raudo
sin saber que en el descenso
sus aguas serían bien presas,
con libertad controlada.

Siento que la vida pasa
sin hacer grandes alardes,
a otra ribera nos lleva,
por azar, aun sin haberla
llamado, ni ahora, ni antes.

## NOCTURNO

El pensamiento azotaba,
fuerte en la densa obscuridad,
mientras tu voz me hablaba
de tu fuerza y frialdad.

Abrí los párpados, llegó
con un fantástico tiempo,
a él me aferré como a un juego
luciendo un lindo equipo.

Qué fantasía, y sol naciente,
el surgir del nuevo día
libre de tanta agonía
nueva luz llenó mi mente.

Sentí que se evaporaban
los duendes, no me alcanzaban.

## UN SUSPIRO

Por todo lo que atesoro,
a ti te quisiera decir:
ríe cuanto puedas hombre,
ama, respeta y sé feliz.

Recogí de tus labios
orgullo de la mirada,
siempre un dulce pensar.

Antes de nacer el alba
nunca mires atrás,
roto queda el pasado.

Mañana y en el futuro,
oirás la voz que dice:
"Nadie más, solo estás tú
en la mente y en los sueños
todo está poseído".

Anda en el nuevo mañana
sin descanso, para compartir
en el camino, la rosa
y el tiempo vivido.

Mientras haya un suspiro
en los labios de tu enigma,
nadie te podrá borrar
de mi mente y corazón.

## NUEVO AMANECER

Está triste el corazón
por una gran desilusión,
hace que me sienta infeliz,
y me oprimen mil latidos.

Dolor en el pensamiento
por la pena contenida,
cauteloso es el acecho
en todas las horas del día.

Ya débiles latidos iban
despacio, abatiendo risas,
como enemigos dormidos
en estas horas sombrías.

El fatigoso esfuerzo,
solo trae inanición, no
sirve para alcanzar orillas
y ver nuevos horizontes.

En el cuerpo no hallarían
nada que me delatase,
solo el aire conocía
cuánto, quería alejarme,
callaba la mutación
sonriendo en la mañana.

No pensé bien. El hijo,
sí me quería a su lado,
vigiló y pidió el auxilio
y todo quedó anulado.

Tenía quien me quería mucho,
llegó el nuevo amanecer
para recobrar deseos,
y el pasado fue pasado
innombrable, por obscuro.

El futuro, es nueva vida
para afrontar los días pares,
y por qué no los impares,
con nueva y blanca aurora,
todo más claro y blanco es.

## NUNCA OLVIDARÉ

Tras la ventana te he visto,
llegabas con el día,
he salido a saludarte
y por la acera te alejaste.

Seguiste sin responder
y esperando tu regreso
quedé apesadumbrada,
mientas te fuiste alejando.

Entre las sombras del patio,
entre trémulos suspiros,
en el pensamiento oculto,
hallo respuesta al olvido.

Sé que todo ha cambiado
siento que ya te he perdido.

Todo va quedando lejos,
la ilusión, el amor tuyo
la esperanza es engañosa.
No estás, qué puedo decir yo.

Ve donde mejor te quieran
aunque yo nunca olvidaré
el haberte conocido.

## A TI

¿Será añoranza del pasado,
o será la añoranza de ti?

¿Será la angustia del olvido,
o será que te fuiste sin mí?

Dependo de ti, de tus gestos,
para poderte soñar, amor.

Dependo de ti, de que vuelvas,
para ser feliz te espero a ti.

## NATURALEZA

Entre tinieblas andaba
el día, cubriendo tristezas
que la noche arropaba
para olvidar y curarlas.

Sus huellas, en la nada fría
sin haber luna ni estrellas,
perdían rumbo y agonía
dentro de oscuras fuerzas.

Buscaba un espacio cerca,
sin haberlo vislumbrado
en la ruta del olvido,
vagaba sola y sin saca.

Vivía sin ser comprendida
con el corazón muy triste
preguntándome para qué.
Y una voz dentro del alma
me dijo: tienes un hijo,
eres madre, coge orgullo,
y ríete; sobran los demás.

Eso intento a diario, siempre,
ahora quiero ver quién da más,

sigo por la buena senda
para ser feliz viéndote,
resolviendo el acertijo.

Por ti iré siempre al trote,
como madre te debo tu ser
y tantos días para querer.

## HABLABA

No quise levantarme, pensé que recordaría
lo que el sueño, en la memoria borró para siempre.
Fue un pensamiento errante, nada lisonjero,
hablaba de ti y de mí, del antes ya perdido,
de cuando se esfumó el ayer en el tiempo.
Hablaba del canto de una perdiz olvidado,
de las uvas maduras anunciando el otoño,
hablaba de una ciudad incógnita, lejana,
y de otra, que lo tenía todo sin tener nada,
hablaba para acallar los días de mala suerte,
y del antes que lo fue todo para nosotros.
Del subconsciente, el olvido ha surgido de nuevo
desde un rincón mental inhabitado y latente,
como pensamiento alzó el vuelo, hablando
de un suspiro que se diluyó entre lágrimas,
de hechos imborrables que no recuerdo y
de algo acaecido, que se perdió en el sueño
en el que solo estábamos tu y yo susurrando.

Poesía ganadora del Accésit 12º Premio de Poesía de Tardor
José López García.

## BARCA NOSTÁLGICA

La barca se balancea
en el agua sin cesar
la corriente del río hacia
abajo la lleva sin parar.

Cruza remansos quietos
y en las orillas están
verdes sauces y chopos
bebiendo en su manantial.

No pares compañera
y verás cuan largo soy,
al fin el mar espera
y vibrarás de emoción.

Un recodo profundo
seguía y sin querer,
la barca ha varado
soñando sin el mar ver.

## MUDO EN EL SILENCIO

Florece la vida,
de nuevo esperanza.
En mi ser prendida
naces con el alba.

Tormentas pasadas
y tristes recuerdos,
de horas amargas
quedaron ya lejos.

Si en la lejanía
quizá quedó el eco,
está sin voz propia
mudo en el silencio.

Amigo olvidaste
y espero tu carta.

## EL DÍA

El día borró las estrellas,
y su tenue resplandor,
ellas quedaron ocultas.

Buscaba la senda engañosa,
era como largo camino,
sin luz que acompañase
todo quedó oculto y sin brillo.

En abismos profundos
quedé esperando un signo
que nunca apareció,
lloré oculta y sin voz,
lloré por no ver las estrellas,
y el día, de mí se mofó.

## COMO HOJAS

Toda me estremeces
el frío cala mis huesos
cual hojas nos meces
hasta derivarnos al suelo.

Llegas como mensajera
del vacío inextinguible
y pones fin a la espera
del viaje ineludible.

Mas no duermo ni descanso,
si presiento tu llegada,
atenta escucho tus pasos
en su lento avanzar.

Vértigo siente mi ser
si sola quedo en la espera
con la intriga de saber,
si estás dentro o estás fuera.

En mi aposento fuiste tentadora
de mi mente fatigada,
nunca muerte te quise,
ni antes, ni ahora, tener
quisiera tu imagen borrada.

## QUIERO

No creas que digo la verdad,
ni pienses que digo engaños,
si callo la cruel realidad
es para evitar más daños.

No solo sería alejada,
si el hecho amargo y doliente,
que corroe el alma anegada,
vieran los ojos, sin mente.

He de guardar mi gran dolor
no quiero más aflicciones
aunque ya no tenga tu amor,
viviré sin decepciones.

Quiero hablar suave y callo,
mil lindezas que no hallo.

## TONALIDAD Y SUSURRO

Quise oír el mar y no le oí
y esperando su rumor
así fue como descubrí,
la tonalidad de tus ojos
y el susurro de tu voz.

Clara y tan obstinada,
como suave y distante,
estando tan lejos de mí.

## DECÍAS

Decías que me amabas
y era pura retórica.

Decías que me querías,
y querías matarme.

Decías solo existes tú,
y hablabas de tus hijos.

Decías «Te quiero mucho»,
y solo te querías a ti.

Dijiste: «Ya sé qué hacer»,
y fue como un soplo frío
que te llevó y dejé de verte.

No sabía qué pensar y
dejé de oír falsedades,
luego, supe que te fuiste.
Dejaste de existir.

Del más allá nada llega,
queda el recuerdo si se
ha coincidido en el camino.

Y días baldíos sin palabras,
no fue preciso un adiós.

Tus querencias solo
eran fabulaciones,
se esfumaron en el silencio,
tan cierto como ignorado.

Quedaron días tranquilos,
sin supuestos engañosos,
y llenos de paz.

## INCOMPRENSIÓN

Todo era obscuro en aquel amanecer,
las sombras se alzaban ágiles
sin rumor de pasos ni sonidos.

Sentía que el tiempo pasado
me alejaba de los signos
y me sentía encogida.

Pasaron los días sin nada saber,
llegué al final del camino
sin encontrar respuesta.

Seguía a la espera de una voz
no había imagen confluyendo
todo era lúgubre y frío.

No llegaban noticias de tu suerte,
mis días seguían impertérritos
en la soledad de mi alcoba.

Tristeza y dolor por la separación,
al no saber por dónde andas ahora
se magnifica el sinsabor.

Se agranda la distancia,
la soledad me mortifica
ahora entiendo cuanto decías.

## LA VENTANA

En la ventana apoyada
por el camino cercano
entre pinos vas llegando,
y a lo lejos vienes amor.

Te sueño lleno de risas,
la luz alumbra tus pasos,
pienso palabras no dichas
para que llenen la noche.

Salgo al portal por ver si me
llega la voz que enamora.
Tu decir cual lo siento, se
acerca; el camino es largo.

La luna que fondea brilla
entre los espacios huecos
y se desploma eterna
para subyugar la vida.

Ando por la orilla, nuestro
río trae recuerdos alegres,
quedé prendida en los sueños
y el despertar me aterra.

Me seduce la corriente,
la noche se llena de ti,
y te espero con sosiego,
quizá hoy no puedas venir.

## OLIMPIA, DELOS Y ROMA

He sepultado días futuros
por no oír tus risas ni llantos,
flotando entre pasadizos
he llegado a nuevos espacios.

He olvidado mi rostro de ayer,
hay horas de calma y silencios,
entro en la penumbra para oír
y ver, todo fluye como ríos.

El hoy es volátil, austero,
tiempo que pasa con recuerdos
que se ahondan en el futuro.

Me deslizo en lo inesperado
que se desvanece en el nuevo día;
en soledad, recorro ya el Olimpo.

¿Ves mi semblante de ahora?
¿Luego se fueron los signos?
En esta hora de sombras nuevas,
busco el amparo de tus manos.

Sueño en la noche con llegar
a cielos inmensos.
y que besarán mi frente Apolo[1] y Diana[2].

Camino inmersa en lejanías,
oigo voces y ecos
en perfiles claroscuros.

Llegan aromas diluidos por savias
que presiento, son dones infinitos
que me van dejando entresijos.

El ahora es inesperado,
no veo tu faz ni la mía,
la soledad se muda de agonía
como tierras abandonadas.

Veo piedras sostenerse en equilibrio,
otras, han rodado y quitan el aliento;
como ellas, quedo rota, sin abrigo
y en olvido, mi ser primigenio.

Tu presencia he buscado
siguiendo espacios mágicos
sin hallar respuesta a mi voz,
mas rememoro lo lindo;

---

[1] Apolo, dios de la poesía, retórica y música. Hermano gemelo de Diana.

[2] Diana, Artemisa, diosa de la caza y protectora en los partos. Diosa de la luna, influyendo en los cambios marinos, etc.

mis pecas y cabellos ondulados,
al dios de Belén; Jesús y a Ogímio[3].
Mucha lluvia ha caído dejando
un suave aroma perfumado.

Ya los bancos de niebla he superado,
amanece un nuevo día,
retorno al inicio de los juegos,
oigo el trino de un pájaro lejano
que trae voces de otros océanos.

Siento que florecen los sentidos,
canto de nuevo a los dioses
y navego por anchurosos ríos.

¿Te llegarán mis anhelos?
Voy llena de sueños interiores,
es un pasado que hechiza.

Y tú, los haces uno en mis sueños.

---

[3] Jesús, nacido en Belén. Dios de los cristianos. Ogímio, dios de la poesía y de la elocuencia.

## MIRABA

Miraba el cielo azul y un pájaro cruzó,
se adentró en el mar y pensé, quién pudiera
volar y ser libre como él.
Iría volando hasta la cubierta de un barco,
otearía el horizonte y viajaría hasta el final.

# LOCOS SUEÑOS

Sueño sin saber qué sueño,
es dulce vida, dulce amor,
sé que en mí todo es un sueño:
el día, la brisa, voz y flor.

Vivo tejiendo mis sueños,
que solo son imposibles
si no despiertan los sueños,
es que son irrealizables.

Más diestros y atrevidos,
surgen y hacen caminos,
y por disculpar su temor
van soñando tan solo amor.

Locos sueños son mis sueños,
tan locos y llenos de amor,
mira si serán de locos,
que mueren y sueñan amor.

## TANGO DE AMOR

Paredón largo y blanquecino,
hasta la esquina te pienso y espero
soñando tu paso fijo como broche
de hechuras y pajarita.

Arrabal, en la niñez todo era plano
y blanco, clara alegría, sueño azul.

Presumiendo te acercabas
a veces de negro, al ras de la noche,
el corazón adoraba y esperaba tu giro
al doblar la esquina, de nuevo quedaba
cumplido el saludo, hasta mañana, y
el vacío, con el sonido de tus pasos.

Riqueza sutil de ensueños baldíos
presumías de blanca camisa,
y con entallado traje negro.

Cada paso era la unión al compás,
de un latido, la mirada un arrobo,
la música en tus pasos, el deseo de tu
imagen y un saludo.

Mirándonos, como si nada importase,
el lugar, la hora, visión perfumada en
la brisa, requiebros pensados que eran
eso, solazarse en las hechuras, yo
esperando acompañarte a pasar el portón.

Rezaba el anuncio: Tango de Amor,
con letras de colores brillantes,
todo hacía pensar compartir deseos,
tan juntos, unidos en aquella pista,
y quedó en un desastroso alejamiento.

Te esperaban, de buenas hechuras,
y todo se derrumbó, ni un adiós,
dijiste: aquí te presento a Luis Manrique.
Te fuiste, os unisteis... no quise verte más.

## LLENAS

Están llenas de sol las mañanas
y de rojo se llena el ocaso,
gritos llenan arcaicos silencios.
Llena espacios la luna nueva
que suspendida abriga mis fríos.

La aurora quiere ser toda grana,
llenar el corazón de ilusiones.
De recuerdos, llenose el pasado
y con tu voz; largos trechos olvidados
se llenaron de nueva vida y amor.

Como volcán de ardientes entrañas
una voz llega y pide libertad.
Hombre y mujer son como el destino
encontrado hoy, codo a codo forman
parte del río que cantando corre
y sutilmente, sin cesar, llena
con ráfagas de fuerza desafíos.

Quiero llenar la vida de dicha si
todos los días en nuestro compartir,
el presente presagia entresijos.

Se esfumaron reyertas de otros tiempos
más el hoy no es si el antes no vibró,
somos destino en un nuevo ascenso
con vocablos eco de los dioses.
Todo y creyendo que no había sido
sé que fue un sueño lleno de hechos,
con la fuerza de nuevos albores,
llevas impulso que mueve el viento.

Quiero unir, sentir con palabras,
quitar polvo, bruñir ideas, hoy
saber que juntos somos más fuerza
donde dos corazones son unidad.
Dadme un punto de apoyo, dijo Arquímedes;
y moveré el mundo.

Avanzaremos hacia una tierra
de energía y libertad, para llenar
las manos de alientos.
Hay que quitar las sombras y volar.
En nuestro mundo libre, sin fronteras,
donde surja un bienestar sereno
llenando caminos.

De sueños nos llenó la alta luna
que en sus entrañas va amasando amor.
Abracemos su tácito compás,
si envuelve para todos libertad.

## TE ESPERO

Colgadas del cielo, estrellas
iluminan sin descanso
el soñar palabras bellas
que serán como un remanso.

En la noche tan obscura
la luna ya hada madrina,
con su sonrisa tan pura
jugaba como adivina.

Hoy estoy aquí esperando
impaciente tu faz clara
al amor oiré cantando...

Con la voz que te enamora
acercándome ya llego,
la noche nace cantora.

## OSITO DE TRAPO

A mi hijo en su tercer cumpleaños.

A mi osito de trapo
que a tirones rompí
mis secretos de infancia
a su oído repetí.

Él, atento escuchaba
sin nunca contrariarme
su carita miraba
cuando tenía que irme.

Cuánta desazón sentía
al ver que se quedaba,
sin saber qué quería
ni saber qué miraba.

Con él entretenido,
mis ratos de ocio pasé,
cuando lo hube perdido,
supe lo que era querer.

## OLVIDOS

En esta tarde de tiempo
soleado, son mis manos que
recuerdan tus dulces mimos
que habían casi olvidado.

## INGRATO SOÑAR

Ingrato soñar siempre hermoso,
que palpitando tienes el amor
dulce y generoso.

Creí tenerte muy cerca y solo
hallé decepción, quise fuese amor
y fuiste terco sueño de Solón.[4]

Un gran manto envuelve el firmamento,
siendo dorado, en breves momentos,
será negra noche el pensamiento.

---

[4] Poeta y estadista griego, 500 a. C.

## ANOCHE

Anoche estaba soñando
con el si será o no será
tan dichoso el esperado
momento en que tú me amarás.

Anoche estaba soñando
dentro de un inmenso bosque
y el corazón engañado
pensó verte en un estanque.

Anoche, quién sabe, no sé
si de tanto querer amar,
pensé que en el amanecer
se hace presente el soñar.

No es grande el amor soñado
ni nunca jamás lo será
si solo sigues pensando
que alguna vez él llegará.

Actúa, llámalo dile: «Ven,
no finjas, abre la puerta,
sal corriendo, busca tu Edén.»
¡Deja de soñar, despierta!

## SOÑADA

> Terminé de leer un libro de Pablo Neruda y por la noche desperté del sueño con los dos primeros versos que inician esta poesía.

Hay mucho espacio,
duelo y amor quebrado
en nuestras vidas, y hay
alegría en las calles,
y dolor en los hogares.

Hay claridad deslumbradora
y negro y amargo dolor
que ahoga, el aire, el sol,
quiebra cantos, risas y auroras.

Hay mucho tiempo escondido,
días de azufre y hambre,
y hay una estrella para todos,
una que brilla en lo alto
con tu nombre y el mío

Hay silencios escondidos,
dolor callado que no sale
a la calle, que se muere
entre muros desvencijados
y bocas cerradas.

Ya no quedan risas,
el llanto es el sustento,
en este monte había alegría,
trabajo y comida para todos,
hoy no hay esperanzas,
no quedan suspiros.

Todo está callado, ni el sol
sale, nada tiene color,
nada vale en la vida del pobre,
le roban hasta la dignidad.

Y sí, ahí fuera está el maligno,
¿No le oyes, no le ves, no le hueles?
Es traicionero, cruel, implacable.
Es un negrero sin alma, que vino
al mundo para robar, matar,
para que llores y, con engaños, él vive.

Quiere tu vida, la del hermano,
quiere morder, no le des la mano.

Es engañoso, sabías que lo era,
dejaste que hablara, soltaba sonrisas
por boca de fuego que arrasa.

Dejaste que amenazara, maldijera,
acobardara y todo fue empeorando.

Su podrida mente le traicionó, y en
el instante, dijiste: dejaremos de volar.

¡Qué ocasión! ¿Qué mal pensamiento le perdió?
Pusiste tierra por medio, diciendo hasta pronto,
y el silencio invadió las horas, los días,
su tiempo; mi tiempo, eso fue tiempo suspendido.

No digas, no mires, no vayas a engañarte,
los días se esfuman, pasan los meses,
¡ya, por fin no se encuentra! se fue aniquilado.

No quería, así no más, dejó de amenazar,
se fue, porque ese fue su destino.

El tiempo lo alisa todo y también
arrasa a todos los malos bichos.

Se vieron redimidos tantos como había expoliado.
No más al pronto, casi nada.
No te engañes, tienen herederos,
siguen ahí acechando, con rabia,
y el espacio se hace pequeño.

Vuelve el dolor a renacer,
la ternura es poca cosa, no conmueve
a quien tiene el corazón negro.

Como hormigas, sus maneras no cambian,
no dejan ni migas, huelen el azúcar
y van a por él, invaden la vida del pobre
y son la ruina, corroen, han nacido
para eso, y están camuflados camelando
desde estrados, creen ser superiores.

Hermana, hay mucho espacio y un
horizonte llano, camina hacia la paz,
llévala contigo, vive con ella.

Renuncia a cualquier engaño o abuso,
cambia el negro por azul, respira luz,
vive el día, el presente, y aléjate de quien
solo va con la muerte; engordan de tu trabajo,
del mío, del hermano, y quitan la respiración
hasta al hijo si no se doblega
a sus caprichos, a sus órdenes, a su mando.

Olvida y mira el sol, es para todos, y
las constelaciones, también tienen vida.
Lejos, aún ahí está el universo.

Saldrán para cazarnos con engaños o
con palos, se les queda a ellos su trabajo.
Alza la frente, mira el horizonte, y no pierdas
esperanzas; hay un nuevo tiempo para ti,
la familia, el amigo, para el pueblo.

Alzaremos banderas para cambiar leyes.
Respira hondo, compartir con hermanos,
mano a mano, codo a codo, no dudes,
les podremos unidos.

Marcharemos con fuerza, saldremos del horror
del infierno, para ser hombres nuevos hoy.

El día se alarga, el tiempo viene de cara,
como pájaros tendremos otro nido
y otras fuentes, un nuevo destino donde
vivir, libres. Nueva vida con la familia.

Será el amanecer y destino de hoy.
Nuevo vivir para el pueblo, para todos.
Nuevo compartir y nueva y gran libertad.

Saldremos al trabajo con gran dignidad,
respetando los bosques,
cuidándonos todos, bueno será el vivir.

## CANTO DE AMOR

La tristeza quedó fuera
para llegar a mañana.

Sin lágrimas y con sonrisas
seguí caminos festivos
para olvidar la amargura.

Busco el sol que da calor
y al llegar el nuevo día
llena de esperanza voy
creando un mejor destino.

Una nueva luz cristalina
me llena de fuerzas nuevas,
refleja paz mi semblante
y en mi interior siento
diáfanas palpitaciones
que como preludio abren
un nuevo canto de amor.

## VIENTO

Si oíste al viento aullar
y te cantaron el mar y las aves
si ves flores brotar
solo fue un soñar.
Ya lo que es amor y poesía sabes.

## LA VOZ

Qué diera por tu voz
oír aquí con fuerza,
O por ver esos reflejos
que me llegaban de ti,
o por saber que estando
lejos, estás cerca
y no pensar, amigo
que te fuiste, ya sin mí.

## LAS PALABRAS

En memoria del poeta, Juan Margarit

Recuerdo cuando sin conocerte
ya amaba en silencio tus escritos,
esperando el día que pudiese ir a
tu encuentro, sólo para oírte hablar,
recitar; eras el mejor poeta,
trovador sufrido, el preferido.

Llegó ese día en que te oí en una charla,
ni soñar como fue lo escuchado
tras larga cola de grata espera
con letras de oro y sueños de amor,
obtuve la signatura y foto.

Fue, posteriormente con otros libros,
que llegó el intercambio agradable
y palabras del todo inolvidables.

Decías: ha de ser cierto, no vale
mentir, el poema no se sostiene.
Y dónde lo escrito, en la esperanza
de un destino mudando.

Ahora, te has ido como un viento frío.
Y ya por siempre estarás conmigo,
sí, como el preferido aureolado y
de ímpetu consagrado hasta el fin,
elaborando el futuro enigma.

Siempre fuera en las constelaciones.
Siempre vigía con honesta maestría.
Siempre dentro, de los corazones.

## ÚLTIMA ALBORADA

Si como antes floreces
al paso de estaciones
sin poder presentir
que te han de cubrir
aguas bravas y feroces
¡qué feliz existir!

Yo, siempre lloro en silencio
este amargo esperar
de ir perdiendo despacio
estas que sois mi soñar.
¿Para qué me servirá el ocio,
entrañable tierra amada?

Si quieto el azadón
y perdida la mirada,
mis labios no tienen canción
que entonar en la alborada
última del corazón.

## VANO SUEÑO

Vano sueño de mis ojos,
vano capricho del mirar,
de ti, se llenan los cielos,
por ti, me llega el despertar.

## TRINOS EN PRIMAVERA

¡Qué alegre el campo!
los trigos se mecen,
al compás del aire fresco
en el nuevo amanecer.

Enamoran, ya los trinos
y el jolgorio entre ramajes,
me hechizan los cantos
de las pequeñas aves.

Quietos o en pleno vuelo
oigo vuestras voces, son
suaves y dais consuelo
que llena el corazón.

Con el lindo piar vuestro,
pequeños pájaros cantores
os veo amigos festivos,
compañeros de viaje.

Tenéis vuelos juguetones
nos cautiváis en los paseos
sois música en los caminos
y siempre melodías de Dios.

## TIERRA QUERIDA

Moncayo tierra que surges
entre empinadas laderas de pinos
que te empujan y dan fuerza,
tus encantos, ávida admiro;
todos mis sentidos, se alertan
como de entre nieblas mudas.

Poetas se inspiraron ante
tus frondosas cumbres,
recortada e imprecisa silueta
surges para dar paso a los aires
que con fuerza cruzan tu cumbre.

Refrescando la tierra en verano
y acercándonos prestos al hogar,
yo te quisiera pedir que me acojas
a tus pies y, como campo, espero
que las simientes recojan tu fuerza,
tu encanto, tu poderío bello
quede aquí transparente.

En esos atardeceres que suceden
a las lluvias que ensanchan a tus ríos.

El Jalón riega mi huerta, los campos
y el valle de mil frutales distintos.

El agua de tus cumbres, como piedras
preciosas, se convierte en hielo
que, al paso del aire, y de un rayo de sol,
corren cristalinas inundando todos los parajes.

El labrador sufrido las ve pronto llegar,
encauza arroyos, abre compuertas, sabe
que del angosto lecho se irán abriendo
las aguas que, encauzadas a su paso,
regarán las tierras sedientas y entre los
vapores, ya se oye el canto de las aves,
ya sabe que todo fructificará.

¡Ah! Moncayo admirado, querido por demás,
tu recuerdo me alienta y si tuviera voz,
solo de ti hablaría, porque te yergues fuerte
y estás donde te puedo admirar.

## MAÑANA

Cuando mis huesos queden en
un poco de polvo transformados,
¿Seré parte de las estrellas
que penden por encima del tejado?

Si el vendaval me lleva
de un lado a otro lado,
¿Qué verán mis cuencas polvorientas,
dónde se posarán mis huesos calcinados?
Seré solo polvo maldito y desechado,
que entrando por la ventana
del gran salón adormecido,
irá del espejo, al jarrón, o porcelana...
¿para caer en el olvido?
¿O quizá me pose en un desnudo piso?

De cualquier forma, regresaré,
sin saber cuál será mi destino.

Quizá quede a un lado del camino,
más si polvo del infinito soy,
qué importa de dónde vengo, o a dónde voy.

Quiero la luz, dime: ¿Seré nuevamente parte,
y de nuevo estaré, con aquellos a quien quise?

## LISI

Un alma solitaria en pos iba
del sentir imaginario que es poesía.

Vio una margarita
que parecía una rosa,
confundió una violeta
con una mariposa.

El cielo azul cambió de color,
y un velo de tul envolvió su ardor.

Cantó el ruiseñor
en la mañana soleada,
se estremeció la flor
e inquietose la rana.

Renaciendo día a día
voy del jardín al arroyo,
salta y corre a mi lado, la Lisi,
hurga una mata de hinojo,
no me falta compañía.

## BAJO UN ABETO

El día se tiñó de luto
triste al ver que partías,
sus ojos estaban cerrados,
las manos tenía frías.

Todos gimiendo, alrededor
del padre que yacía gélido,
lágrimas iban cayendo,
ya nada ni a nadie mira.

Bajo un abeto quisiste
que tu cuerpo reposara
envuelto en manto de césped
bajo la noche estrellada.

Ya no tañen las campanas,
como años ha solían,
mudas se fueron quedando
tras tantas vidas perdidas.

Su recuerdo es presente
porque quiso a su familia,
por el afecto y respeto
que les daba día a día.

El abeto no está solo,
cobija tu compañía,
tiene alma y comparte el deseo
de las palomas torcaces
que de sus alturas miran.

En el espléndido ramaje
anidan pájaros cantores
que son visión y consuelo,
hechizando corazones.

## CANTOS SIN FIN

¿Adónde vas?
por qué te has ido,
si solo tengo, tu dulce trino.

Vuelve a tu nido,
y déjame oír,
en dulce olvido, tus cantos sin fin.

## DICHA ESPERADA

Si el tiempo de la espera
lleno de esperanza está,
la espera no es quimera
solo es dicharachera.

Se hace corto el camino,
si uno espera el soñar,
tu presencia es anhelo
si traes un nuevo cantar.

Llena ilusiones mudas,
llega con mil palabras
quedo yo llena de ellas,
y alejaré añoranzas.

Serás la dicha esperada,
tú, mi añorado amigo.

## EL CANDIL

El candil encendido
tenue luz proyectaba,
despacio se consumía,
a nadie interesaba.

Varias sombras vagando
por el techo se movían
como danza bailando
suave y lenta melodía,
por paredes desnudas,
sin cuadros ni cortinas,
de a un lado a otro, mudas,
van como peregrinas;
ya la llama oscilaba
y en temblor se convertía.

Todo parece que está
flotando en la noche fría,
un poco más y sin luz
de repente quedarían,
tinieblas y obscuridad
en la estancia solo habría.

## DURO DESPERTAR

Sueño y no sé qué sueño,
que me llena el corazón,
¿será que ando caminos
y tú vas por donde voy?

Sueño y no sé qué sueño,
qué duro es el despertar;
mas luego sueño ensueños
que hacen soñar y soñar.

## EIJI OUE

Fuerza, Eiji Oue.
Todos te añoramos
si te perdemos,
no habrá emoción
en pentagrama negro.

## DENTRO DE VOS

Dentro de vos, luz
con aire envolvente,
fuera es noche.
Sin ti, sones oscuros.
Sin ti, quedamos sordos.

--

2 Tankas
A Eiji Oue, tras muchos años de
director de la Orquesta Sinfónica
de Barcelona, todos te añoramos.

## ESPERANDO EL MAÑANA

Mosca de azul y negro color,
aterciopelada de alas transparentes,
te mueves alrededor de lunas
con tus aleteos incesantes
que llenan de color y sonido la tarde.

Aguardas con tus vuelos que te
llevan inconsciente a soñar,
entre cristales bruñidos y
porcelanas de Limoges, sabes
que en nada podrás solazarte.

Sé que vives esperando pasteles
acompañados de los dulces sazonados,
también, entre jarras de bebidas,
buscas paliar tus deseos.

No tienes prisa, por eso verás de tus
vuelos saciado el deseo.
Te posarás aquí y allá, hasta que una
mano diestra, con suerte te acompañe
al jardín y en cerrar la ventana,
aletearás esperando el mañana.

## A MI LADO

Esperanza soñada
al transcurrir de los días
tú, guía de nuestras vidas
serás multiplicada.

Qué haríamos ahora sin ti,
si generosa tienes
guardados muchos bienes
que traes tenaz para mí.

En la espera soñada,
llenas de vida y color
la distancia que andada
de repente ya es menor.

Quedo siempre esperando
que rápido tu deseo
te traiga hoy a mi lado
con el beso que anhelo.

## EN MIS DÍAS

¡Mira!, la vida es muy corta,
¡mira!, como un soplo pasa,
hay que seguir el camino
para llegar a otras playas.

Veremos otros terruños,
oiremos nuevas palabras,
y todo será lo mismo,
los días con su pasar callan.

Si miro el basto horizonte
oigo como un canto de aguas,
van transcurriendo muy lentas
entre fragores, murmullos,
de otros instantes silencios,
por caminos conocidos.

En mis días hay soledades
y todo es parejo, amiga.

Mudó el horizonte rojo,
que enmudecido él aguarda
lleguen nuevos caminantes,
para perderse en sus playas.

## DESOLADO AMOR

Yace un aire triste en la mañana
trae silencios de espacios lejanos,
surge un recuerdo estanco en mi mente
que alberga un corazón confuso.
Era un día de seda vestido
que no dio paso a la primavera,
un día rosa, azul, de trigales
sin orillas verdes, fue un ensueño.
Hoy es un amanecer tardío
las sombras me llenan de congoja,
duerme el viento, duerme el día y late
un silencio mudo que me oprime
desde el desolado amor interno.

Poesía ganadora del accéssit, 12º Premio de Poesia de Tardor
José López García.

## CAMINO CÓSMICO

Seguiré por caminos insondables,
como polvo voy buscando mi estrella,
cruzaré entre zarzales y nubes frías,
lágrimas tuyas besaré y ellas
serán como fermento. Amasaré
nuestras esencias para iniciar un
nuevo cometa de brillante órbita,
que, como nebulosa, transite por
espacios olvidados con luz clara,
mostrando el fulgor que en ella anida.

Un núcleo de amor novel será el nuestro,
que unirá en el eterno, nuestras vidas
de tránsitos azules, por obscuros
caminos fríos, germinando vidas.

Fulminadas en el cosmos, quizá
estén tu alma y la mía allí unidas,
eternamente con una gran paz.

## EL SOL

Tras la ventana te he visto
con el día renacer
y a tu encuentro he salido,
por si te podía coger.

Entre las montañas
bajito pareces estar,
en la fría mañana
corriendo te salgo a buscar.

Subiendo voy el sendero,
tu elevándote vas,
sin tus cálidos rayos muero,
¿cuándo te podré alcanzar?

Horizonte que te alejas
mudo sin responder
dile bajito mis quejas,
¡que muero de frío sin él!

## ESTRELLA FUGAZ

Tiene mi casa un jardín,
al anochecer se ve
todo el cielo estrellado,
cuajado de brillantes
luces con vida propia.

Parecen sigilosas
y en su trepidar, quietas.

Anoche ¡ay, qué pena!,
una estrella fugaz se
escapó por el cosmos
más allá de mi verja,
y el jardín perdió su luz.

Anoche, no sé qué fue
o pensé haber perdido.

Sucedió, te recordé,
sentí frío y soledad,
ayer, perdí una estrella.

Y el jardín quedó a oscuras.

## HOY VIVO

Despacio marchaba sin descanso,
sin mirar atrás siquiera,
para alcanzarte bastaba
que no viera precipicios,
la fatiga me rendía en el ascenso,
de la esplendorosa cumbre,
y lentamente me acercaba.

Mis ojos están contemplando
todo cuanto ofreces,
los pensamientos volando
quisieran ser mariposas.

Tal emoción he vivido,
tan llena de ti me iré
que compararse nada puede,
ni nunca olvidaré
los glaciares que crucé,
la pequeña fuente en la roca
que lenta se iba agrandando.

El río será quien marcará el regreso,
si no vengo más a verte
es porque ya te llevo conmigo.

En la cúspide quise gritar
y el viento se llevó el sonido
al tiempo, me trajo paz
y de esa es, que hoy vivo.

## FELIZ SUERTE

Feliz suerte si hoy pasas
por el mundo sin nostalgia,
pisando la tierra blanda,
extasiado en tu fragancia.

Hoy donde estoy, monótonos
ruidos se oyen, y donde voy
los hay que se desconocen.

Pierde el sol su brillo de oro,
los árboles su fragancia,
golondrinas sin arroyo,
solo hay indiferencia.

¿Cuándo vendrás, tú mi amiga,
quien me liberará el alma?
Aún, sin oír un suspiro
ni decirme una palabra.

Compañera malquerida,
ven como brasa te espera
mi corazón ser cenizas.

## TORMENTA

Vaporosas nubes corrían, de un lado a otro
y una neblina intensa se ensanchaba
flotando por entre las ramas del bosque,
traían aromas del mar bravío.

Los pasos, se hacían más confusos,
cruzando el monte y sus laderas.
Cuanto más quería centrar un punto,
los vestigios del camino se esfumaban.
Era un día de fatigas, desolado
el aire se escapaba a ras del suelo,
parecido a mis pensamientos.

Pensé que estaba perdida por no aceptar
la ignorancia del lugar tan agreste.

Habían desaparecido los pájaros,
no se oía un aleteo; acaso, a lo lejos
como un rumor impreciso.

En poco tiempo el día cambió, como
tantas cosas, y fui aceptando que pasaría
la noche acurrucada, al pie de un gran
árbol; por entre el encaje de sus ramas
y hojas, palpitaban de pronto, estrellas, al fin
quedé inmóvil y llegaron las dudas.

Cada momento el lugar se transformaba,
más incierto, no aquietaba el ánimo,
lleno de incertidumbre se presentó
el anochecer llenándome de agobio,
sentía como arreciaba una excitación lúgubre.

Un desasosiego envolvente en la oscuridad
me hizo sentir pequeña, indefensa,
sin más esperanza, que el silencio mudase.
Como parte del tronco, quedé resguardada y
al acecho de un nuevo amanecer.

Un aire gélido llegó con rugidos de ecos
feroces, y percibí que con él la neblina se
esfumaba, dando paso a una situación
mejorada, ahora parecía que escampaba,
ágiles nubes desaparecían en pródigo sigilo.

Fuertes ráfagas de viento daban paso a una
tenue claridad, lentamente fui tranquilizándome.
Formaba parte del gran tronco, sentía su
fuerza, su amparo, él, vigía poderoso, me
protegía, acogí su fuerza y quedé esperando.

En pocas horas, aclareció de nuevo
podría seguir el camino que sin duda
me llevaría a mi destino añorado.

Los elementos de la natura cambian,
los años transcurridos, señalan cambios
importantes, que al principio ni pensaba.

La casa y los amigos habían de estar
cerca, la esperanza sosegó mis miedos.
ahora tenía un sol que, como brújula,
me indicaba por dónde ir caminando.

Ya el viento no aullaba, muy cerca divisé
el camino buscado, todo iba bien,
al fin pensé, lo peor quedó atrás.

## ALAS MUSICALES

Cantaban los grillos
al anochecer con su *cri, cri, cri...*
en sonidos arcaicos
mil historias, mil.

Historias de leyendas,
en la noche obscura
sin luz, sin estrellas
rompían el silencio.

Colgadas las hoces
hasta el amanecer,
escuchaba sus voces
sin poderlos ver.

Parece que recuerdo,
en la pared apoyada,
el cuerpo temblando
y mi frente bañada.

Lentos ratos pasaban
y del hendido pecho
pesarosos recuerdos,
se alejaban, con el *cri, cri, cri...*

Llenad el silencio con el canto,
y en la obscuridad
no paréis de frotar
vuestras alas transmiten
corrientes de persistentes
sonidos, que nos dejan,
el mantra conocido.

A vosotros que acompañáis
la soledad amigos grillos, gracias.
Lo digo de verdad.

## UNA PALABRA

Si calmaste el hambre de otros días,
y en tu fuente de amor me sacié,
¿Como caridad me lo dabas?

Ahora sé cuánto fingías,
por ello te digo:
Adiós, y que mis huellas, de ti,
queden borradas.

No obstante, al dejar de ser el que eras,
envuelta de indiferencia y olvido,
por el daño que me has hecho,
te borraré de mi mente
como si no hubieras existido.

Mas di ahora, si no me amaste,
si fui sólo un pasatiempo,
¿por qué olvidar no has podido
y sigues suspirando migajas?,
¿qué esperas, un saludo,
una palabra?

## LA MUERTE

La muerte viene danzando,
día a día cobra su tributo
y se marcha dejando
tristes seres en luto.

Siglos lleva pasados
conservando su juventud,
tiempos aún no venidos
tendrá en esclavitud.

No importa quien nace
cuentas le ha de rendir,
y aunque el tiempo pase
a su puerta ha de ir.

Está siempre enamorada
de todo ser terrenal,
sin querer va sepultada
con una inscripción sepulcral.

Por nadie eres querida,
mas a todos has de dar
la paz que en esta vida
nunca habrán de hallar.

Si mis ojos no se abriesen
contigo durmiendo estaría,
si este mundo no viesen
llévame donde tú vivas.

En polvo he de quedar,
quiero ser tu compañera
para que me puedas llevar
alrededor de la tierra.

## ANOCHE ESTABA JUGANDO

Anoche, estaba jugando
con un pequeñín caracol,
tan despacito iba andando
que así nos sorprendió el sol.

Anoche, estaba jugando
con el mar y las estrellas,
las vi en tus ojos soñando
y me parecían pequeñas.

¿Anoche o cuándo? No sé
si de tanto puro jugar,
fuiste tú amor al que encontré
o fue solamente un soñar.

## EN EL CAMINO

Adiós al hermoso soñar,
sueño de sueños soñado,
no sé cuándo podré volver
a ver mi tierra querida.
El acompasado cantar
de la perdiz y el jilguero,
no los volveré a escuchar más,
queda el polvo del camino.
A ti tierra querida, ¡adiós!
Como raíz profunda y pobre
dentro de ti quisiera estar,
bajo pinos y malezas.
A quien pregunte le diréis
todos cuanto son mis deseos;
no me importa que al despertar
esté bañada en sudores.
Si viene alguien a saludar,
decid que voy con el viento,
y que cualquier día volveré.

## ¿ME PREGUNTAS QUIÉN ES?

*Cuántas cosas te diría, si no hubiese ya años, que pasé a otro estadio, en el que sale el sol y aburrido se retira. Dime tú quién es el muerto. Creo que no importa; cuando nos veamos, mataremos segundos hablando del tiempo y de cómo sube la vida.*
*Todo lo que nace vive y muere para posteriormente cambiar su existir. Esto pienso.*

Muere el día con su noche,
mueren el sol y su luz,
muero yo sin saberlo,
deseo y pensamiento
se van sin un adiós.

Muere todo ser vivo,
muere el perfume y la rosa,
el gorjeo de los pájaros
y el que hoy me ha dicho
con su sonrisa, hasta siempre.

Mueren honor y riquezas,
los que se vanagloriaron
de vivir solo por ellas
quedaron con cara de palo
al alejarse sin ellas.

Muero yo en cada instante,
y muero, aunque no muera,
ya que muere todo bicho
con alas, patas, o sin ellas.
No hay vida sin el morir.

Vayan los santos por delante.
con el «vivo porque no vivo,
y muero de vivir sin ti».
¿Qué es la vida sin la muerte?
Un no sé qué insustancial.

Donde la muerte y la vida,
anda, ve con gran cuidado
está en todo metida,
está siempre al lado.
Esperemos que durmiendo.

Le cantaré una nana,
le susurraré mil lindezas,
la entretendré con un cuento,
la engañaré cada día,
solo con hacerme el muerto.

Y por favor no preguntes
quién es el muerto y por dónde
anda la muerte metida,
cada día y cada instante.
Yo conozco sus engaños.

No le daré la espalda
la trataré como amiga,
me bañaré con ella y sé
que marchará en un suspiro.
Es mi amiga, ya lo he dicho.

Muero y no muero por mí.
¿A que tanto pensar, por qué,
a qué tanto sentir, por quién?
Vive y no vivas por mí.
Sé tú en el hoy, y en el siempre.

## CASTIGO FINAL

Un día le hablaron de amor
todo era dulce y bonito
fue dichosa corto tiempo,
ya le exigían trabajar.

En la calle fue de todos,
por decir un día: ¡No!
fue el castigo, un escarmiento,
la colgaron de una viga jamonera.

Era pequeña, menuda
pensaron que caería al piso.
Y no, así fue como murió.
Fue un castigo bien maldito.

Todos lloraron su pérdida.
la madre, hermanos, familia, los
que la conocíamos de pequeña.

Hacía refuerzo escolar, actividades,
juegos, merienda, que para muchos
era como cena, eran amigos y se
respetaban.

¿Quién no sintió su pérdida?
Y una gran pesadumbre, difícil de entender,
estarás siempre en nuestro recuerdo.

Para todos los que te conocimos,
un dolor mudo, difícil de llevar
por compartir tantos años vividos,
ya eras como familia.

## AMOROSA CREACIÓN

Acróstico, dedicado a mi madre.

**A**ntes de nacer
**M**e alimentaste
**I**mpregnada de querer.

**M**e llevaste
**A**l abrigo de tu ser,
**D**entro, me arrullaste,
**R**espirando el mismo aire
**E**mpecé yo a quererte.

**VI**eron mis ojos la luz
**CEN**telleando entre brumas
**TA**pándome tu rostro.

**PU**siste suaves plumas,
**IG**norante de la suerte.

**RO**gaste a Nuestro Señor:
**DA**le larga vida, salud y amor.

## CAMPANAS

Torre de piedras grises,
te elevas hacia el cielo,
mides horas felices
y otras van sin consuelo.

Coronado del canto
alegre el campanario,
quizás te acerca el llanto
del silencio y misterio.

De pasado y eternidad,
de lluvia y lodos en pos
de luz en la oscuridad,

tus días señalan tiempos,
si el corazón va oyendo
las campanas doblando.

## ENGAÑOS

A quien dejó de querer,
y quedó con sus engaños.

Fue cuando cubrieron las aguas,
mi huerto, mi casa y mis sueños.
Cubriose con manto de estrellas
todo el firmamento encendido.
De lejos, la luna llenó de
luz y rocío nuestro sendero.

Fue entonces, creo, tanto mi dolor,
que quise con tierra taparan
mi cuerpo, para no deslucir
aquello que tú solo querías.

Verme lejos donde no fuese
el entorno de tus momentos.
O mejor, no verme nunca más,
para ir a tu aire, despojado.
Pensando que tu esposa, ella no es
familia, quizás un equívoco.

El amor, cuando es libre, crece.
Para ti solo quedó apego,
ir y venir sin obligación.

Fue entonces que dejaste de ser
todo y sí, firmaste el escrito.

Vaso roto se recompone
pero no se puede utilizar.
Tantos rotos y descosidos,
esconden apariencias tuyas...

No, puedes amar con engaños.

# COMPARTIR

Quiero hacer una recopilación
y con la luna llena escribiré
recuerdos a media luz y dirán,
con mi sonrisa y gran emoción,
los hechizos del querer solo son:
Compartir vivencias del corazón.

## EL AIRE

El aire siempre me envolvía,
marcharme deseaba con él,
de un país muy lejano venía
sin carrozas ni corceles.

Cruzando montes y valles,
los pueblos, ciudades y mar
te ponen nombres locales,
vuelas fuerte sin descansar.

Tu canto nos acompaña
en todos los días del año,
la tierra, cada mañana,
oye el canto sin engaños.

El gallo en la veleta, hoy
señala tu ir y el venir,
como entre rejas me hallo,
porque no te puedo seguir.

## ¿DICEN QUE QUIEREN?

¡Alerta!, gritaron,
cercados estaban
prisioneros fueron
ninguno escapaba.

Piedras y bastón
todos tenían, con gran
determinación de
lucha, gritos se oían.

Las manos atadas
y descalzos los pies,
volcadas carretas
todo salió al revés.

Largo fue el caminar
todos lo sufrieron,
para regresar sin
nada y abatidos.

Donde nacieron ya
todo quedó roto,
fueron destrozados
casa y familia.

Y un dolor inmenso
llenó la ciudad mía,
quedó la rabia hoy
contenida y nunca
por nadie olvidada.

¿Dicen que quieren?
Queremos, revancha.

## POR EL SENDERO

El río serpenteaba
y un manto de escarcha lo cubría
en el amanecer frío
solo internamente corría.

El rocío, que brillante
todo lo impregnaba
con la humedad, ensanchaba
su fuerza de vida escondida,

La luz de las estrellas,
que van reflejando al sol,
son guías del camino
que va cobrando color.

El sendero me llevó
ladeando el ancho valle
y cuanto más avanzaba
más lejos del hogar
estaba, extasiada y aturdida.

Pensé y creí que allí, podría hallarte.

## QUISIERA

Quisiera que fueses aire
para estar en mis suspiros,
como el polen aireado
fecundaras fauna y campos.

Mira si por ti cambiaría,
que solo quisiera tener
el frescor del rocío al soñar.

Y pensar que tú nos meces,
como al árbol, roca o piedra.

Adormecernos tranquilos
por saber que en todo tienes
puestos los cinco sentidos.

## DÍA DE FIESTA

En un lugar lejano, cerca de la morería,
al levantarse el día con
perfumes de clavel y claros
destellos del alba que alumbraba,
Raúl ensilló su asno
que cargó con mercancías.

Por el camino llano salió
hacia la romería en honor
de San Pancracio, patrón del lugar.
Jóvenes y gente de toda edad
iban haciendo el camino
para llegar a la ermita.

El lugar, que no era grande,
dejaba fuera un gran gentío,
ahora por los altavoces se oía al
ermitaño leer con mucho esmero
la tablilla del canto al Santo Patrón.

Todos con el mayor celo escuchaban
la historia y la plegaria que se leía:
en tiempos ya pasados, que
nadie recuerda el siglo,
fueron batidos los moros
en una cruenta contienda.

El rey fundó aquellos muros
que amparan al santo y su historia.
Una imagen fue tallada y en el
centro del ábside sigue siendo
venerada y festejada, cada mayo.

¿Qué fue de nuestro amigo?
Con respeto y paciencia, seguía los rezos,
al final de la oración, todos de lleno al festejo;
uno compraba flores, otro roscos
y mucha era la venta.
De lejos vio al amor de su vida,
Se alegraría seguro, le obsequió una loza fina,
y ella agradecida le dio un beso en la mejilla.

## SUEÑOS QUE VAN Y VIENEN

Los sueños que van y vienen
son ilusión, son compañía,
traen brisa llena de alegría
que el aroma de mar tienen.

Los sueños que vienen y van
son reyes entre mil sombras,
son pregoneros de auroras,
guardados en la mente están.

Los sueños, lindas quimeras
al rayar la madrugada,
vienen con alas de hada
y van surcando fronteras.

Hubo, en el sueño inconsciente:
llanto con sabor de lluvias,
llanto de amor, en la mente
llanto por simples nostalgias.

Surgiste como algo incierto
eras voz, gesto en el sueño,
frágil soñar, color heno,
de veras, cálido viento.

Y no es solamente un sueño
el despertar del nuevo sí
que te ha traído hasta mi
con un abrazo trigueño.

# ÍNDICE

## CARME BENEDICTO PUIG

Nació en Barcelona.
Es poeta y escritora, licenciada en Historia del Arte y Diplomada en Trabajo Social, profesión que le ha permitido relacionarse con diferentes personas y culturas.
Ha publicado: *Finestra oberta* (2018), *La memòria dels camins* (2019), *El passar dels dies* (2022) y la novela *Mirada enrere* (2024).

parnassediciones.com
instagram.com/parnassedicions
facebook.com/parnassedicionesbcn
x.com/parnass_ed